Kleines Harzwanderbuch der Sagen und Mythen

Band 2

Bad Suderode – Rieder – Dicker Stein –
Märzenbecher Aue – Gersdorfer Burg –
Bicklingswarte – Lethturm – Bad Suderode

Bernd Sternal

Sternal Media

Bibliografische Information der Deutschen Nationalbibliothek
Die Deutsche Nationalbibliothek verzeichnet diese Publikation
in der Deutschen Nationalbibliografie; detaillierte bibliografische Daten sind im Internet über dnb.d-nb.de abrufbar.

Impressum:
© 2023 Bernd Sternal
Herausgeber: Verlag Sternal Media
Gestaltung und Satz: Sternal Media, Gernrode
                    www.sternal-media.de
                    www.harz-urlaub.de
Weitere Bücher hinter dem Code:

Umschlagsgestaltung: Sternal Media
Fotos & Abbildungen: Archiv B. Sternal
Zeichnungen: Wolfgang Braun,
Lisa Berg sowie Archiv B. Sternal

1. Auflage März 2023
ISBN: 978-3-7526-6049-4
Herstellung und Verlag:
BoD – Books on Demand, Norderstedt

Inhalt

3

Inhalt

Wegbeschreibung mit Karte

Lange Route: Bad Suderode – Gernrode – Rieder – Dicker Stein – Märzenbecher Aue – Großer Gegenstein – Flugplatz – Gersdorfer Burg – Seweckenwarte – Bicklingswarte – Lethturm – Bad Suderode, ca. 30 Kilometer

Kurze Route: Bad Suderode – Gernrode – Rieder – Bicklingswarte – Lethturm – Bad Suderode; ca. 15 Kilometer

Dieser Sagen- und Mythenwanderweg beginnt am südlichen Ortseingang von Bad Suderode, im Kalten Tal. Oberhalb des Sportplatzes liegt das Waldrestaurant Felsenkeller – der Name ist abgeleitet von den in die Felsen geschlagenen Hohlräumen, die früher zur Kühlung von Getränken und Lebensmitteln dienten.

Hinter der Gaststätte – mit Kinderspielplatz – liegt die bekannte Calcium-Solequelle sowie das alte Bergwerk „Lessinghöhle". Zurück, am nördlichen Ende des Sportplatzes, führt rechter Hand ein Weg den Berg hinauf, zum Preußenturm. Es ist mittlerweile der dritte Holzturm in Folge, der erste wurde bereits 1845 errichtet.

Von dort geht es zurück nach Bad Suderode in nördliche Richtung. Wir kommen dabei am Kurzentrum vorbei, wo man die Calciumsole probieren kann. An der Hauptstraße (L 239) liegt die Alte Kirche, heute eine Musik- & Veranstaltungskirche, in der ständig wechselnde Kunstausstellungen zu sehen sind.

Weiter führt der Weg zum Bückeberg, den Europaradwanderweg entlang nach Rieder. An der dortigen Grundschule biegen wir links ab, zu den Schierbergen und dem

5

Dicken Stein. Wo der Weg die Straße zu den Gegensteinen kreuzt, gehen wir rechter Hand. Links ist ein Abstecher zu den Gegensteinen möglich, oder unten im Tal ein Besuch der Märzenbecheraue.

Weiter geht es vorbei am Flugplatz Asmusstedt in Richtung Gersdorf, einem kleinen Ortsteil von Quedlinburg. Dort befindet sich die Ruine der Gersdorfer Burg, einer Anlage, die bereits im 10. Jahrhundert entstand. Beeindruckend ist der gut erhaltene Bergfried. Die Anlage hat Geschichte geschrieben, war sie doch die Burg von Graf Thietmar, dem Vertrauten und Erzieher von König Heinrich I. Auch Thietmars Sohn Markgraf Gero, der auf der Gersdorfer Burg aufwuchs, schrieb zusammen mit Kaiser Otto I. Geschichte und gründete zudem Gernrode.

Auf dem Seweckenberg thront die Seweckenwarte, eine von mehreren Warten des Mittelalters, die einen Schutzgürtel um Quedlinburg bildeten. Die Warte ist komplett restauriert und kann bestiegen werden, sie bietet wohl den schönsten Blick im östlichen Harzvorland.

Der Seweckenberg schrieb zudem Wissenschaftsgeschichte: In einem dortigen Gips-Steinbruch fanden Bergarbeiter 1663 ein großes Skelett. Besonderes Interesse erzeugte damals ein großer Stoßzahn. Dieser wurde von Otto von Guericke untersucht, der das Horn als das eines Einhorns identifizierte. Und auch der große Gelehrte Gottfried Wilhelm von Leibnitz schloss sich dieser Meinung an. Heute wissen wir, Einhörner hat es nie gegeben. Das Horn wird daher heute einem Narwal zugeschrieben.

Pavillon der Calsium-Sole-Quelle

Kurpark in Bad Suderode

Blick vom Bückeberg auf Gernrode und Bad Suderode

Das Alte Rathaus von Rieder

Aufstieg zum Dicken Stein

Blick zu den Gegensteinen

Drei Bogen Brücke (Quarmbach)

7

Von Gersdorf führt der Weg weiter zur Bicklingswarte, die ebenfalls zum Quedlinburger Wartensystem gehört und auch zu erklimmen ist. Dort befand sich einst das mittelalterliche Dorf Bicklingen, das um 1490 wüst wurde.

Weiter geht es zum Lethturm, der dritten Warte im Quedlinburger Wartensystem, bis zur Dreibogenbrücke am Zusammenfluss von Wellbach und Hagenbach. Das Gelände nördlich der Brücke war lange Zeit Militärgelände. Während der Nazi-Zeit befanden sich dort ein Flugplatz und eine Pilotenausbildungsstätte. Dann übernahm die Sowjetarmee das Gelände und machte es zu einem Panzerübungsplatz. Die Brücke wurde in der Nazi-Zeit erbaut um militärisches Gerät mit der Eisenbahn bis in die Kaserne transportieren zu können, später nutzten sie die Sowjets um ihre Militärtechnik zu transportieren.

Das nächste Ziel ist der Münchenberg, ein ausgewiesenes Naturschutzgebiet. Nach Verlassen der Straße zum Reisaus erreicht man nach etwa einem Kilometer die ca. 600 Jahre alte Schäfereiche. Auf dem Bergwiese über der Eiche wachsen im Frühjahr viele Alpenveilchen und im Frühsommer Orchideen. Zurück auf der Straße erreichen wir bald den Reißaus und wandern hinter dem Friedhof zurück zum Kurzentrum sowie zum Ausgangspunkt.

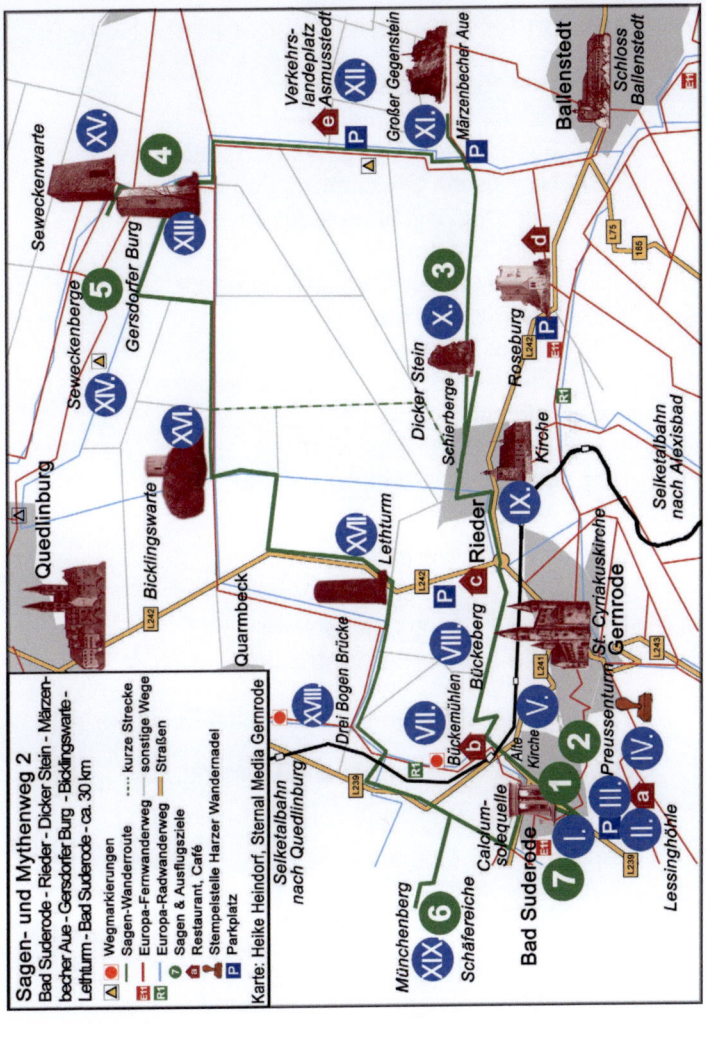

Sagen- und Mythenweg 2

Bad Suderode - Rieder - Dicker Stein - Märzenbecher Aue - Gersdorfer Burg - Bicklingswarte - Lethturm - Bad Suderode - ca. 30 km

Wegmarkierungen

⚠ Wegmarkierungen
● Sagen-Wanderroute
— Europa-Fernwanderweg
— Europa-Radwanderweg
⑦ Sagen & Ausflugsziele
🏠 Restaurant, Café
🎋 Stempelstelle Harzer Wandernadel
Ⓟ Parkplatz

···· kurze Strecke
— sonstige Wege
— Straßen

Karte: Heike Heindorf, Sternal Media Gernrode

9

Cafés und Restaurants auf der Karte Seite 9:

a) Restaurant Felsenkeller,
   Felsenkellerpromenade 1,
   06485 Quedlinburg/ OT Bad Suderode
b) Historische Gaststätte & Pension Bückemühle
   Fischspezialitätenrestaurant
   Am Bückeberg 3,
   06485 Quedlinburg, OT Gernrode
c) Der Pizzabäcker
   Wilhelm-Pieck-Straße 14
   06485 Quedlinburg/OT Gernrode
d) Burgcafé Roseburg
   06493 Ballenstedt / OT Rieder
e) Gaststätte „Zum Fliegerhorst"
   Asmusstedt 13,
   06493 Ballenstedt

Parkplätze an der Wegstrecke:

Sportplatz Bad Suderode (Einfahrt zum Felsenkeller)

Gernrode/Rieder: Parkplatz am Baumarkt, Quedlinburger Str., L242

Parkplatz an der Märzenbecher Aue, Am Zehling

Parkplatz am Verkehrslandeplatz Asmusstedt

Buslinien und -haltestellen an der Strecke:

Linie 240
Quedlinburg – Bad Suderode – Ballenstedt – Aschersleben:

Gernrode An der Rose, Rathenaustr., Bf,;
Rieder Gernröder Str., Rathausstraße, Gartenanlage;
Ballenstedt Roseburg, Alter Westbf. 2, Felsenkellerweg;

Linie 242
Quedlinburg – Bad Suderode – Alexisbad – Harzgerode – Wippra:

Gernrode An der Rose, Rathenaustr., Ärztehaus;
Haferfeld,
Sternhaus,
Mägdesprung, Drahtzug;

Linie 244
Ballenstedt – Alexisbad – Harzgerode:

Ballenstedt Marienstr., Poststr., Ärztehaus, Alter
Westbf., Felsenkellerweg;
Sternhaus Abzw.,
Mägdesprung, Drahtzug;
Alexisbad Kloster

I. Die Geschichte der Solequelle

In dem kleinen Heilbad Bad Suderode sprudelt eine Solequelle wie es wohl in Deutschland und Europa keine zweite gibt. Erstmals erwähnt wurde die „Wunderquelle" im „Düsteren Tal" bereits 1480. Ihre Heilwirkung, die auf einem ungewöhnlich hohen Anteil von Calcium beruht, wurde aber erst um 1820 nach ihrer Wiederentdeckung, durch den Kreisphysikus Dr. Ziegler untersucht. Und dann ging alles ganz schnell: die Calciumsole-Quelle wurde erschlossen und durch einen neuen Weg zugänglich gemacht.

Eine erste Badeanstalt entstand und das Wasser wurde nach Quedlinburg und ab 1827 in das bereits bestehende Alexisbad geschafft. Schnell erkannte man den Heilwert des Wassers mit seinen Primärbestandteilen Calcium, Natrium, Magnesium, Kalium, Chlorid, Fluorid und Sulfat. Der angeblich erste Kurgast von Suderode wird für das Jahr 1826 genannt. Suderode entwickelte sich in Windeseile vom einfachen preußischen Dorf zum Badeort. Die Gäste brachten Geld, das in neue, schmucke Häuser mit Balkon (böhmischer Stil) und in Hotels und Pensionen mit Bademöglichkeiten investiert wurde.

Aber es war noch beschwerlich Suderode zu erreichen. Um 1870 erbaute die Familie Vollmer nahe der Solequelle das Ausflugslokal „Felsenkeller" und begann mit Omnibussen (Pferdekutschen) Kurgäste aus Quedlinburg abzuholen. Kurpromenaden wurden angelegt und weitere Kureinrichtungen geschaffen. 1885 erfolgte der verkehrstechnische Durchbruch – Suderode wurde an die Eisenbahnlinie Quedlinburg-Ballenstedt angeschlossen.

Auf einer Ansichtskarte aus dem Jahr 1898 wird Suderode auf Grund seines milden, geschützten Klimas als „harzisches Montreux" bezeichnet. 1914 wird Suderode der amtliche Titel „Bad" verliehen.

Zu dieser Zeit hat sich die Wissenschaft der Calciumsole angenommen. 1924 wird geschrieben: „Calcium-Quelle des Solebades Bad Suderode am Harz – Wissenschaftliche Untersuchungen in den letzten Jahren durch Loew, Emmerich, Hamburger, Röse, Kuhnert u.v.a. haben ergeben, dass die Nahrung des Kulturmenschen einen erheblichen Mangel an Kalksalzen aufweist. Das Blut, das Gehirn, der Herzmuskel, das Knochengerüst, die Drüsenzellen und -säfte sind es, die am meisten unter der ungenügenden Kalkzufuhr zu leiden haben. Daher das statistisch einwandfrei von Röse festgestellte häufige Vorkommen von englischer Krankheit, Skrofulose, Knochenerweichung, auch bei der werdenden Mutter, Zahnfäulnis, Tuberkulose, Infektionskrankheiten, von mangelnder Stillfähigkeit der Mütter, daher die auffallend geringe Zahl der Militärtüchtigen in kalkarmen Gegenden. Hier kann die Bad Suderoder Calciumquelle als Vorbeugemittel durch Erhöhung der Kalkzufuhr eine geradezu segensreiche Wirkung auf die Volksgesundheit entfalten. Sie wirkt aber auch gleichzeitig als Heilmittel bei den oben erwähnten und einer großen Reihe weiterer Krankheiten, besonders des Stoffwechsels: Blutarmut, Gicht, Zuckerharnruhr, Fettsucht, Krampfzuständen der Kinder, Heufieber, sowie besonders bei so weit verbreiteten Krankheiten: der Tuberkulose und der Arterienverkalkung als ungemein wichtige Unterstützung des Heilungsprozesses."

Im Jahr 1934 wurde der Calciumbrunnen mit seinem von Säulen getragenen halbkugelförmigen Kupferdach sowie

13

der Kurpark in seiner heutigen Terrassenform erbaut. Während der DDR wurde zwar das Sanatorium „Willi Agatz" gebaut, der allgemeine Kurbetrieb wurde aber stark vernachlässigt und der Behringerbrunnen wegen Verunreinigungen gesperrt. Die gesamte Bäderstruktur wurde stark in Mitleidenschaft gezogen.

Nach der Wende erblühte Bad Suderode zu einem idyllischen und modernen Kurort, der neben seinem Heilwasser besonders auf seine klimatischen und landschaftlichen Reize setzt. Seit dem Jahr 2000 ist der Ort mit dem Prädikat „Calciumsole-Heilbad" dekoriert.

1. Die Solequelle im Düsteren Tal

Erstmals erwähnt wurde diese Calciumsolequelle in Suderode, welche heute „Behringerquelle" genannt wird, im Jahre 1480. Aber zwischen Erwähnung und Entdeckung können viele, viele Jahre liegen.

Der Sage nach weidete einmal ein Hirte seine Rinderherde im Düsteren Tal. Dort war ein guter Weidegrund, weil es viel nahrhaftes Kraut gab und die Kühe darum gute Milch gaben.

Als der Hirte eines Tages seine Herde heimtreiben wollte, bemerkte er, dass ihm ein Stück Vieh fehlte. Doch alles Rufen und Suchen war vergeblich. Schon bald wurde es dunkel. Doch gleich, am nächsten Morgen, machte sich der Hirte wieder auf die Suche.

Er fand seine Kuh in einem Wasserloch, am Hange des Düsteren Berges. Mit aller Kraft zog er das Tier heraus

und siehe da, es war ganz weiß! Verwundert begutach-
tete der Hirte seine Kuh und nahm eine Kostprobe von
der weißen Farbe, welche die Kuh über und über be-
deckte. Salz war es, was der Kuh die weiße Farbe gab.

Die Kuh hatte sich in der warmen Sole gesuhlt und
schnell war das Wasser verdunstet. So wurde die Calci-
umsolequelle in Suderode entdeckt. Der Hirte aber be-
hielt die Quelle lange geheim, denn Salz war ein kostba-
res Gut und er hatte nie wieder Sorgen in seinem Leben.

II. Geschichte der Lessinghöhle

Die Lessinghöhle befindet sich im Kalten Tal bei Bad Suderode, sie liegt nur ca. 250 Meter von der Gaststätte Felsenkeller entfernt.

Erstmals erwähnt wurde die Höhle 1546 unter dem Bergrat G. Kramer. Man baute im Auftrag der Äbtissin von Stolberg Flussspat, Kupferkies, Arsenkies und Bleiglanz ab.

Im 17. Jahrhundert kam der Abbau zum Erliegen und die Grube geriet in Vergessenheit.

Ende des 19./Anfang des 20. Jahrhunderts erkundeten Otto Edler von Graeve und der aus Berlin stammende Chronist Lessing die alte Grube. Sie wurde vermessen und bekam den Namen „Lessinghöhle" nach ihrem Neuentdecker.

Im Jahr 1906 wurde ein Wasserwerk zur Trinkwasserversorgung errichtet, welches am 25.3.1909 durch Verbruch zerstört wurde.

1952 fanden die letzten bergbaulichen Untersuchungen statt. Das Bergbauunternehmen „Wismut" suchte damals nach uranhaltigem Erz, allerdings ohne Erfolg.

Die Lessinghöhle ist nur von außen zu besichtigen und dient als geschütztes Fledermausquartier.

Der Harzklub Zweigverein Bad Suderode pflegt den Eingangsbereich und nutzt die nähere Umgebung der Höhle für seine jährliche Walpurgisfeier.

III. Der Preußenturm - Weitblick am Nordost-Harz

Es war einmal, so beginnen die meisten Märchen.

Es war einmal, da standen viele hölzerne Aussichttürme am Nordharz. Nur einer davon ist erhalten geblieben und wurde gerade saniert.

Der Preußenturm auf dem Schwedderberg.

Der Preußenturm, auf dem Schwedderberg, über der Kurklinik Bad Suderode beschert seinen Besuchern auch in Zukunft einen märchenhaften Ausblick über das nordöstliche Harzvorland, bis hin zum Brocken.

Der Preußenturm wurde 1953 als Thomas-Müntzer-Turm erbaut und 1991 in Preußenturm umbenannt. Entscheidend für die Umbenennung war, dass es seit 1845 bereits

17

zwei Vorgängertürme gab, die den Namen Preußenturm getragen hatten.

Wie dem auch sei, ein Besuch des Preußenturms kann nur jedem Gast angeraten werden, der einen komplexen Eindruck über die wild-romantische Schönheit dieser Region mitnehmen möchte.

Verschiedenste Wege führen zum Turm, von gemütlich spazierend, bis zum Erklimmen des Schwedderberges auf kürzestem Wege. Ein Trost, der Rückweg führt ausschließlich bergab. Eine Kamera sollte man unbedingt im Gepäck haben, denn zu jeder Jahreszeit sind außergewöhnliche Fotos zu schießen.

IV. Der „Opferstein" auf der Olbertshöhe

Am Wege vom Preußenturm zur Olbertshöhe bei Bad Suderode liegt ein quadratischer Sandstein von 72 cm Seitenlänge. Der Stein ist etwa 42 cm hoch und zur Mitte hin trichterförmig behauen. Die Trichtertiefe beträgt etwa 24 cm. Der Volksmund nennt diesen Stein den „Teufelsstein". Da Rillen zur Mitte des Trichters führen, heißt es, der Teufel habe sich an dem Gefäß die Krallen gewetzt. Soweit zu Gegenstand und Sage.

Das Objekt verlockt natürlich zur Spekulation: Wenn nun der Stein auf der Olbertshöhe gestanden hat, ist er dann nicht vielleicht sogar ein altgermanischer Opferstein? – Zumal man an seinem Rande so etwas wie ein Sonnenzeichen und Runen erkennen kann.

Der einstige Suderöder Rektor Ehrke beschreibt in der Beilage zum Quedlinburger Kreisblatt „Am Heimatborn" Nr. 294, dass er auch drauf und dran war, diese Möglichkeit für wahrscheinlich zu halten. Spaziergänger und Pilzsammler aber wissen, dass es von dieser Art noch weitere Steine in der näheren Umgebung gibt. Sie sind allerdings zerschlagen und liegen im Forst des Düsteren Berges. Es handelt sich um nicht mehr und nicht weniger als um alte Salzlecken. Diese sind jedoch schon im letzten Drittel des 16. Jahrhunderts aufgestellt worden. Die Forstgebiete des Schwedderberges und des Düsteren Berges gehörten, wie Suderode selbst, dem Quedlinburger Stift. Aufgabe des von den Äbtissinnen eingesetzten Holzförsters war es auch, das Wild zu hegen. Der Förster wohnte im späteren Friedrichsdorf und gelangte durch einen schmalen Steig – die jetzige Jägerstraße – in den Wald.

Herrn Rektor Ehrke gelang es, anhand von Akten zu beweisen, dass dieser behauene Stein wirklich „nur" eine Salzlecke ist: Am 17. Oktober 1607 beschwerte sich der Gernröder Amtmann Kaspar Gerlach bei der Äbtissin Maria über den Förster von Suderode. Dieser habe drei der Schweine aus der Gernröder Amtsherde, die zur Eichelmast in den Wald des Schwedderberges getrieben worden und in den Suderoder Distrikt eingedrungen waren, gepfändet. Die Äbtissin antwortete daraufhin, dass bei Schadensersatz und entsprechender Zahlung des Pfandgeldes die Schweine dem Gernröder Amt zurückgegeben würden.

Der Gernröder Amtsmann gab in einem weiteren Schreiben vom 20. Oktober 1607 zu verstehen, dass es für die Gernröder ein Gewohnheitsrecht sei, die Schweine im Wald des Schwedderberges zu hüten. Es bestehe lediglich ein Verbot, die dort im Forst vor 34 Jahren eingerichteten Salzlecken zu nutzen. Durch diesen „Schweinestreit" lässt sich nachweisen, dass der vermeintliche Opferstein eine sehr alte Salzlecke ist.

Die Salzlecke auf der Olbertshöhe.

Tröstlich ist daran, dass die Lecke immerhin auch schon wieder fast 450 Jahre alt ist und so doch heimatgeschichtliche Bedeutung hat. Nicht nachzuweisen ist damit allerdings, woher diese Steine stammen und auch die Zeichen des „Teufelssteines", insbesondere auch die beiden gekreuzten Hämmer (Bergbausymbol?!) an der linken Hangseite des Steines sind damit nicht erklärt.

Text: Dr. Bernd Schobeß

V. Alte Kirche Bad Suderode

Die erste urkundliche Erwähnung findet Suderode 1179 im „Codex diplomaticus Quedlinburgensis", der es als Stiftsgut der Quedlinburger Äbtissinnen ausweist. Es wird aber davon ausgegangen, dass dieses Stiftsgut schon ab dem 10. oder 11. Jahrhundert bestanden hat, denn Bad Suderode kann auf eine Kirche verweisen, die in dieser Zeit erbaut wurde.

*Alte Kirche in
Bad Suderode.*

Es ist eine kleine Kirche, im romanischen Stil erbaut, schlicht im Inneren wie auch außen. Also ein typisches Gotteshaus jener Zeit, für das einfache Volk. Apsis und Turm der Kirche sind noch im Originalzustand. Auch sonst ist das von den Suderödern liebevoll „Alte Kirche" genannte Gotteshaus in gutem Erhaltungszustand. Allerdings dient die Alte Kirche schon einige Jahrzehnte nicht mehr als Gotteshaus.

In der DDR war sie Bestandteil einer Sonderschule. Nach der Wiedervereinigung war die Zukunft des altehrwürdigen Gebäudes in Gemeindebesitz offen, es kam zur Gründung eines Kulturvereins, der sich „Freundeskreis Alte Kirche e.V." nennt. Zweck des Vereins im weitesten Sinne ist die Erhaltung der Kirche und ihre Nutzung für kulturelle Zwecke. Der Verein ist sehr aktiv, was sich schnell herumgesprochen hat.

Heute ist die Alte Kirche regelmäßiger Treffpunkt für Geschichts- und Kulturinteressierte. Neben Vorträgen und Lesungen finden regelmäßig Konzerte in einer ausgewogenen Mischung von Klassik bis Moderne statt. Einen besonderen Schwerpunkt legt der Freundeskreis auch auf Ausstellungen der Bildenden Künste, die regelmäßig organisiert werden. Die säkularisierte Kirche ist heute ein kleines, aber feines Kulturzentrum, das aus der Kulturlandschaft der Region nicht mehr wegzudenken ist.

VI. Die Geschichte der Bückemühlen

Westlich des Bückebergs fließt der Hagenbach, der seinen Ursprung im Rambergmassiv hat. Früher wurde dieser Bach zu mehreren Teichen aufgestaut, die insgesamt fünf Wassermühlen antrieben. Keine der Mühlen arbeitet heute noch als Wassermühle, aber die Gebäude von vier Mühlen sind noch erhalten.

Die erste Bückebergmühle oder auch **Bückemühle** war ursprünglich eine Schrot- und Malzmühle, um 1700 wurde sie von Siegfried Richter und Ernst Wolf errichtet. Diese Wassermühle wurde mit Hilfe des Kaltentalbaches betrieben. Bis 1930 tat die Mühle unter Wilhelm Walckhoff ihren Dienst.

Terrasse am Fischspezialitätenrestaurant Bückemühle.

Die Familie Sander wollte das historische Fachwerkgebäude erhalten und baute die Müllerstube zu einem rustikalen Lokal um. Sie wird zu einem beliebten Ausflugs- und Spezialitätenrestaurant. 1970 ging die Mühle in den Besitz der Familie Wiesener über, auch sie betrieben weiterhin das Restaurant.

Die Familie Karger übernahm 1997 die Bückemühle, die zu einem Fischspezialitäten- und Pensionsrestaurant wurde. Gleich nebenan im ehemaligen Mühlenteich tummeln sich zahlreiche Süßwasserfische und auf dem Teich Wassergeflügel.

Historische Gaststätte Bückemühle

Am Bückeberg 3
06485 Quedlinburg / OT Gernrode
Telefon: 0 39 485 – 419
Internet: www.bueckemuehle.de

1997 kam der Gebäudekomplex mit dem Fischteich in den Privatbesitz von Rüdiger Karger. Seitdem ist er bemüht den historischen Kern der Bückemühle zu erhalten. Herr Karger hat den Gaststättenbereich erweitert, dabei wurde das historische Fachwerk vorzüglich integriert.

Das historische Fischrestaurant bietet ein urig-gemütliches Ambiente. Im Sommer lädt der Biergarten auf dem Teichdamm zum Verweilen ein. Es wird frischer Fisch aus Harzer Gewässern sowie aus dem Meer, kredenzt. Wer jedoch keinen Fisch mag, für den gibt es reichlich Alternativen.

Geöffnet ist das historische Fischrestaurant von Donnerstag bis Sonntag von 11.30 – 14.30 Uhr und von 17 – 21 Uhr. Landschaftlich schön gelegen, ist die Bückemühle der ideale Ausgangspunkt für Wanderungen und Fahrradtouren.

Die zweite Bückemühle wird auch „Große Mühle" genannt und wird wie die erste vom Kaltentalbach gespeist. 1854 darf der Müller Andreas Heidenreich einen Weizenmahlgang, einen Spritzgang und eine Reinigungsmaschine mit Erlaubnis des anhaltinischen Staatsministeriums in die Mühle einbauen.

Mitte des 19. Jahrhunderts kaufte die Samenzuchthandlung Dippe aus Quedlinburg die Mühle, ehe sie 1890 in den Besitz von G. und O. Buntzel überging. Sie bauten ein Dampfsägewerk ein und stellten außer Mehl und Futtermitteln auch Wasserräder und komplette Mühlen her. Zum Grundstück gehörten zu dieser Zeit ausgedehnte Ländereien mit Wiesen und Obstplantagen. 1892 wurde das Gebäude durch einen Brand teilweise zerstört, aber sofort wieder aufgebaut. Seit 1932 wurde die Mühle von Sonnenschmidt erworben, der ein Sägewerk auf dem Gelände betrieb.

Die dritte Bückemühle wurde 1734 von Matthias Voigtländer als Schrotmühle errichtet. Diese Mühle wurde von drei Bächen gespeist. Durch einen Stichgraben flossen das Wasser aus dem Kaltentalbach und vom Bückeberg zusammen. Aus dem Wellbach wurde ein künstlicher Zulauf geschaffen, der in den 3.000 qm großen Mühlenteich mündete. Dieser ist leider heute vollkommen verschlammt und lässt nur noch einen Wasserdurchlauf erkennen.

Die vierte Bückemühle wurde 1682 als Ölmühle von Familie Schnackenberg aus Gernrode errichtet. Der Kaltentalbach lieferte auch hier das notwendige Wasser zum Betrieb. Hauptsächlich Mehl, Schrot, Haferflocken und Graupen wurden produziert, daher auch der spätere Name „Graupenmühle". 1754 kaufte Fürst Victor Friedrich

die Mühle vom Müller Caspar Heinrich Weitzel und ver-
pachtete sie weiter.

2. Der Teufel und der Müller

*Vor langer Zeit lebte in Gernrode ein Müller mit Namen
Weigel. Der war mit seinem Leben nicht zufrieden und
wollte hoch hinaus. Da kam er auf die Idee den Teufel
anzurufen, damit der ihm behilflich sei. Gedacht – getan!
Nachts um zwölf Uhr rief Müller Weigel den Teufel an, um
ihm ein Geschäft vorzuschlagen. Satan samt seinem
Pferdefuß kam auch sogleich und fragte den Müller nach
seinem Begehr.*

*Da sagte der Mül-
ler: „Bau mir inner-
halb einer Woche
am Schwedder-
berg eine Wind-
mühle und ich ver-
spreche dir dafür
nach sechs Jah-
ren meine Seele."*

*Der Teufel war so-
fort einverstanden
und willigte in den
Handel ein. Inner-
halb der geforder-
ten sieben Tage
baute er dem Mül-
ler eine schöne
Windmühle.*

Da war die Freude groß beim Müller und er zog sofort in seine neue Mühle ein. Schnell hatte sich die Kunde herumgesprochen und die Kundschaft kam von nah und fern und bescherte ihm ein ansehnliches Einkommen und viel Ansehen. Aber wie das so ist, bei viel Arbeit und gutem Auskommen, die sechs Jahre waren schneller um als gedacht. Eines Abends stand der Teufel vor der Mühle, um sich die versprochene Seele des Müllers zu holen.

Da begann Weigel zu bitten und zu betteln, Satan möge ihm doch noch etwas Zeit geben. Schließlich ließ sich der Teufel zu einem neuen Vertrag überreden. In einem Jahr sollte er wiederkommen und wenn er dann in ein Loch einfahren könne, das der Müller in einen Baum gebohrt hatte, dann sollte ihm die Seele gehören.

Nach Jahresfrist stand der Teufel wieder vor der Mühle. Müller Weigel hatte inzwischen ein Loch in einen Kastanienstamm gebohrt in das der Teufel einfahren sollte. Auch hatte er einen Stöpsel für dieses Loch angefertigt. Als der Müller Satan den Baum zeigte, fuhr der sofort in das Baumloch ein.

Der Müller, nicht faul, schlug blitzschnell den Stöpsel in das Loch. Klein und jämmerlich saß der mächtige Satan nun in dem Baumloch gefangen. „Lass mich raus, lass mich frei!" jammerte der Teufel da. Der Müller sprach: „Ich

27

will dich freilassen, wenn du mir versprichst auf meine Seele für immer zu verzichten und mich in Zukunft unbehelligt lässt!" Der Teufel hatte keine Wahl, wollte er nicht ewig im engen Baumloch schmachten.

So stimmte er widerwillig zu und versprach dem Müller die Freiheit seiner Seele. Da schlug Müller Weigel den Stöpsel heraus und – hui – weg war der Pferdefüßige. Aber spät in der Nacht kam er zurück und zerstörte die Windmühle. In gewaltiger Wut schleuderte er die Steine rings umher und noch bis heute liegen welche davon am Schwedderberg.

VII. Der Bückeberg

Nördlich vor Gernrode liegt ein Berg aus Muschelkalk aus der Kreidezeit, der den Namen Bückeberg trägt. Dieser Berg ist ein geologisches Kleinod, ein Tummelplatz für Fossiliensucher.

Vor etwa 65 Millionen Jahren in der Kreidezeit wurden bei der Heraushebung des Harzes die horizontalen Ablagerungen (Sedimente) des Erdmittelalters (Mesozoikum) durch tektonische Kräfte im Harznordrand steil gestellt und überkippt. Dabei wurden Gesteine des Zechsteins – ca. 258 Millionen Jahre alt – bis zu Ablagerungen aus der Kreidezeit steil aufgerichtet.

Durch die unterschiedliche Zusammensetzung – weicher Tonstein, leicht löslicher Anhydrit, harter Kalkstein und fester Sandstein – verwitterten die Gesteine in unterschiedlichem Ausmaß.

Der Bückeberg mit den tektonisch verformten
Sedimenten aus der Kreidezeit.

Wasser, Wind und Eis transportierten die beträchtlichen
Mengen ab. Lediglich die härtesten Gesteine blieben er-
halten und bilden die markanten Höhenzüge entlang des
Harzrandes, einer davon ist der Bückeberg bei Gernrode.

VIII. Harz Schnitzerei in Rieder

Wenn ein Wort mit dem Harz in Verbindung zu bringen
ist, dann ist es das Wort „Holz". Selbst der Name unseres
Mittelgebirges Harz leitet sich aus dem Sekret ab, dass
Bäume ausscheiden um Wunden zu schließen. Die Holzverarbeitung hat daher seit Urzeiten seinen angestamm-
ten Platz im Harz.

Harz Schnitzerei in Rieder.

Diesbezüglich gibt es die verschiedensten Handwerke. Der Königsberuf in der Holzverarbeitung bleibt jedoch dem Holzschnitzer und Holzbildhauer vorbehalten. Einer dieser Meister hat seinen Sitz in Rieder.

Die Harzschnitzerei Uwe Bormann hat sich in den letzten Jahren einen Namen gemacht. Und sie hat sich die Aufgabe gestellt, traditionelles Kunsthandwerk mit typisch regionaler Ausprägung zu verbinden.

Die breite Angebotspalette reicht von harz-typischen Schnitzereien wie Hexen, Teufeln und Wurzelmännchen bis hin zur Sonderanfertigung von kundenspezifischen Holzskulpturen.

Das Besondere ist aber, dass Meister Bormann seit vielen Jahren für Laien Schnitzkurse anbietet. Dabei werden

Kenntnisse in den Bereichen Kerbschnitt, Hohlschnitt, Relief und figurales Schnitzen, Farbfassung und Vergolden angeboten.

Natürlich wird auch auf individuelle Wünsche eingegangen. Material und Werkzeug werden bereitgestellt. Wer seine Kreativität im Umgang mit Holz schulen möchte, ist bei Meister Bormann an der richtigen Stelle.

IX. Die Kirche „Beatae Mariae Virginis" in Rieder

Der kleine Ort Rieder, der heute zur Stadt Ballenstedt gehört, wurde erstmal 936 urkundlich erwähnt und ist somit schon über 1.000 Jahre alt.

Wann die Kirche „Beatae Mariae Virginis" am Pferdeteich errichtet wurde, ist nicht ganz klar, aber es bestand bereits ein hölzerner Vorgängerbau mit Kloster. Wahrscheinlich wurde diese steinerne Kirche in der gleichen Zeit wie das Alte Rathaus errichtet.

Vor 968 soll die Königin-Mutter Mathilde die Bienenkorbglocke der Kirchengemeinde geschenkt haben. Sie ist die zweitälteste Kirchenglocke dieser Art in Deutschland und kann noch heute besichtigt und dem Klang gelauscht werden.

Bienenkorbglocken wurden zwischen dem 8. bis zum 12. Jahrhundert im Wachsausschmelzverfahren gegossen, der Name wurde ihnen aufgrund ihrer Form gegeben.

Die Kirche „Beatae Mariae Virginis" in Rieder.
Urheber: Migebert, 2018, Quelle: Wikipedia01

Die Kirchengemeinde Rieder besitzt eines der bestgeführten Kirchenbücher seit dem 16. Jahrhundert.

X. Der „Dicke Stein"

Auch östlich von Rieder findet man einen Ausläufer der Teufelsmauer – den Schierberg. Besonders markant auf diesem Höhenzug sind der „Dicke Stein", die „Kutsche" und der „Mohrenkopf".

Der Schierberg wurde um 1830 von der Gemeinde mit Obstbäumen bepflanzt. Bis in die Nachkriegszeit wurde an seinem Nordhang Sandstein als Baumaterial für die

Häuser in Rieder gebrochen. Auch das Gewölbe des Rathauses von Rieder und die Kirche sind aus diesem Sandstein errichtet worden.

Der
„Dicke Stein"
bei Rieder.

Der Schierberg gehört zum Naturschutzgebiet Gegensteine, da er sich durch eine vielfältige Kleintier- und Pflanzenwelt auszeichnet.

Der „Dicke Stein" hat noch eine weitere Besonderheit, er ist nicht nur etwa 6 Meter hoch, er trägt auch eine Gedenktafel zur Erinnerung an das 100. Jubiläum der Schlacht bei Leipzig am 18. Oktober 1813.

Nur etwa 80 Meter weiter befindet sich der Doppelfelsen „Die Kutsche". Seine Maße sind etwas größer als beim „Dicken Stein", er hat eine Länge von 15 Meter und eine Höhe von ca. vier Meter.

Gedenktafel am „Dicken Stein" bei Rieder.

Weitere 50 Meter östlich entlang des Schierberges findet man zwischen Bäumen eine ca. sechs Meter hohe Steinsäule. Diese wird als „Mohrenkopf" bezeichnet, da der Felsen wie ein Knubbel aus den Bäumen ragt.

3. Die Sage von der Teufelsmauer

Nachdem Gott die Erde geschaffen hatte, begehrte der Teufel einen Anteil davon. Besonderes Interesse hatte der Teufel am Harz, der sein absolutes Lieblingsgebirge war. Lange Zeit zog sich dieser Streit um die Harzregion hin.

Dann lenkte Gott ein, um den Streit ein für alle Mal zu beenden. Er sagte zum Teufel: „Gut, wenn du so hartnäckig darauf bestehst, dann wollen wir das Land am Harz teilen. Du erhältst das Gebirge und ich das fruchtbare Land vor dem Harz.

Du musst aber eine Grenzmauer ziehen, die unsere Herrschaftsgebiete voneinander trennt. Bedingung ist aber, *dass du das Werk in einer Nacht vollendest, denn bevor der Hahn zum ersten Mal kräht, musst du fertig sein. Dann soll dir die eine Hälfte des Harzlandes gehören und mir die andere."*

Der Teufel schlug in den Pakt ein. Und er stürzte sich sofort an die Arbeit und schaffte die ganze Nacht. Fast war er fertig, nur noch einen großen Stein musste er in die Mauerkrone einfügen.

Da kam eine Bauersfrau aus Timmenrode des Weges. Sie hatte eine Tragekiepe auf dem Rücken und darin einen Hahn, den sie auf dem Markt in Blankenburg verkaufen wollte. Plötzlich stolperte die Bäuerin über einen Kieselstein, der Deckel ihrer Kiepe sprang auf, der Hahn reckte seinen Hals heraus und begann zu krähen.

Da dachte der Teufel, dass er die ihm gestellte Aufgabe nicht erfüllt habe und sein geliebter Harz ihm für immer verloren war. Er geriet in unbändige Wut, nahm den letzten, riesigen Stein und schleuderte ihn mit all seiner Teufelskraft gegen die fast fertige Mauer. Es gab ein höllisches Getöse, die obersten Steinlagen stürzten ein und zerschellten auf der Erde, wo sie noch heute liegen.

Seitdem nennt man diese Gesteinsformation „Teufelsmauer".

XI. Die Märzenbecher Aue

In der Harzregion gibt es zahlreiche Biotope seltener, geschützter Pflanzen. Fast alle davon sind aber nur Einheimischen und Eingeweihten bekannt. Ich möchte heute ein weiteres Pflanzenrefugium vorstellen, in der Hoffnung, dass sie als neuer „Eingeweihter" sich an die geltenden Regeln in solchen Schutzgebieten halten und auch andere dazu anhalten. Also bitte keine Pflanzen oder Pflanzenteile mitnehmen und die Wege nicht verlassen!

Der Märzenbecher, die Frühlings-Knotenblume, wird auch „Großes Schneeglöckchen" genannt und gehört zur Familie der Amaryllisgewächse. Sie ist eine mehrjährige, krautige Pflanze. Ihre Wuchshöhe beträgt 10 bis 30 cm. Dabei bildet sie 3 bis 5 etwa 10 mm breite und 20 cm lange dunkelgrüne Laubblätter.

Die Märzenbecher Aue bei Ballenstedt.

Die Pflanze hat ein charakteristisches Merkmal, das aus zwei verwachsenen Blättern, die den blattlosen Blütenstängel überragen, besteht. Die Blüten sind weiß und becherförmig, veilchenartig duftend und die Blütenblätter haben gelbe Spitzen.

37

Die durch Bienen und Nachtfalter bestäubten Samenanlagen sinken nach der Blüte langsam zu Boden. Die fleischigen Samenkapseln werden durch Tiere gefressen, die die weißen Samenkapseln wieder ausscheiden und so ihren Beitrag zur Verbreitung leisten. Die Blütezeit erstreckt sich von Februar bis April. Da der Märzenbecher zu den vorsommergrünen Pflanzen gehört, zieht er nach abgeschlossener Blüte sein Kraut wieder ein. Zur Überdauerung bildet er unterirdische Zwiebeln von ca. 20 mm Durchmesser. Der Märzenbecher zählt somit zu den Zwiebel-Geophyten, das bedeutet, er überdauert für ihn ungünstige Zeiten unter der Erde.

Märzenbecher

„Märzenbecher, strahlend weiße Glocken
läuten schon den Frühling ein;
trotzen kaltem Wind und weißen Flocken,
wollen zarte Frühlingsboten sein.
Nach den eisig kalten Wintertagen
ziehen sie verträumt die Blicke an;
wollen zeigen und uns sagen,
was so früh erblühen kann.
Sie beflügeln die Gedanken
und ermuntern unseren Geist,
dass er über kalte trübe Schranken
freudig in den Frühling reist.
Steigt die Sonne hoch hinauf,
wird es langsam warm und bunter.
Sie weckt nicht nur Blumen auf;
sie macht alle munter!"

von Erich Totzek, gest. 2011

Der Märzenbecher ist eine subatlantische Pflanzenart, die vorzugsweise in Auen- und Laubmischwäldern angesiedelt ist. Einen solchen Auenwald gibt es auch im Nordharzer Vorland. Zwischen Ballenstedt und Rieder, im Naturschutzgebiet Gegensteine, liegt diese sehr seltene Märzenbecher-Aue. Auf mehreren Hektar Märzenbecher, soweit das Auge schaut. Und ein betörender Duft, der diesen Besuch unvergesslich macht.

Auch weit laufen muss man nicht. Kurz bevor die asphaltierte Straße Richtung Gegensteine einen 90 Grad Schwenk nach rechts macht, liegt ein unbefestigter Parkplatz. Weitere Details zur Lage des Naturwunders möchte ich nicht geben, nur so viel, ein Auenwald kann wohl nicht auf dem Berg liegen. Und bitte nichts abpflücken, Märzenbecher sind nicht nur besonders geschützt, sie sind durch verschiedene Alkaloide auch stark giftig.

XII. Der Verkehrslandeplatz Ballenstedt/Asmusstedt

Der Nordharz hat einen Flugplatz – den Verkehrslandeplatz Ballenstedt-Harz – in Asmusstedt, einem Ortsteil von Ballenstedt. Dieser liegt etwa zwei Kilometer nördlich der Kernstadt, ganz in der Nähe der Gegensteine, dem östlichen Ende der Teufelsmauer.

Die Teufelsmauer ist eine aus hartem Sandstein bestehende Gesteinsformation der oberen Kreidezeit, welche in Blankenburg beginnt und sich 20 Kilometer vorbei an Timmenrode, Weddersleben und Rieder bis nach Ballenstedt hinzieht.

Auf dem Verkehrslandeplatz Ballenstedt-Harz können nicht nur Privatflugzeuge mit bis zu 5,7 Tonnen auf der 805 Meter langen Asphaltrollbahn landen, sondern interessierte Gäste können auch selbst abheben. Und das nicht nur mit Motorflugzeugen, obwohl dort zum Teil auch Harzrundflüge angeboten werden. Zum Beispiel mit einer alten Antonow An-2, die dem Motorflugverein Ballenstedt gehört.

Es werden vielfältige Flugaktivitäten durchgeführt und angeboten, z.B. Fallschirmspringen, Ultraleichtfliegerei, Segelfliegerei, Drachenfliegen und Ballon fahren. Also ist für jeden etwas dabei, der schon immer mal in die Luft gehen wollte. Und das in einer sehr reizvollen Landschaft am Rande des Harzes.

Der Verkehrslandeplatz in Asmusstedt bei Ballenstedt, von den Gegensteinen aus gesehen.

Der Verkehrslandeplatz ist täglich geöffnet, hat im Jahr mehr als 20.000 Flugbewegungen zu verzeichnen und verfügt über moderne Nachtflugbefeuerung und Tankstelle sowie über eine Grenz- und Zollabfertigung. Er ist verkehrstechnisch sehr gut angebunden, bei Bedarf steht auch ein Leihwagen zur Verfügung. Auch eine Gastronomie ist am Ort, die täglich von 10.00 - 18.00 Uhr geöffnet hat.

Mehrere Vereine bieten über das Jahr verteilt vielfältige Veranstaltungen an, auch gibt es Angebote für Selbstkostenflüge, dazu informieren Sie sich unter Tel. 0 39 483 - 215 oder auf der Homepage: http://www.flugplatz-ballenstedt.de.

Wir von www.harz-urlaub.de wünschen auf jeden Fall einen guten Flug sowie „Hals und Beinbruch".

XIII. Die Gersdorfer Burg

Im Umfeld der Wiege Deutschlands, dem Stift und der Pfalz Quedlinburg, gab es nach dem Herrschaftsantritt Heinrich I. (Heinrich der Burgenbauer) zahlreiche Burgen. Sein Sohn und Nachfolger Otto I. setzte diese Strategie der Errichtung von Schutz- und Befestigungsbauten fort.

Eine der Burgen, die vermutlich in dieser Zeit des 10. Jahrhunderts entstanden, war die Gersdorfer Burg.

Vermutet wir auch, dass die Gersdorfer Burg die Stammburg von Graf Thietmar war, dem Erzieher und Vertrauten von Heinrich I. und Vater von Markgraf Gero. Sicher verbrieft dagegen ist, dass 961 eine „villa Gerwigesthorp" im Harzgau erstmals genannt wurde.

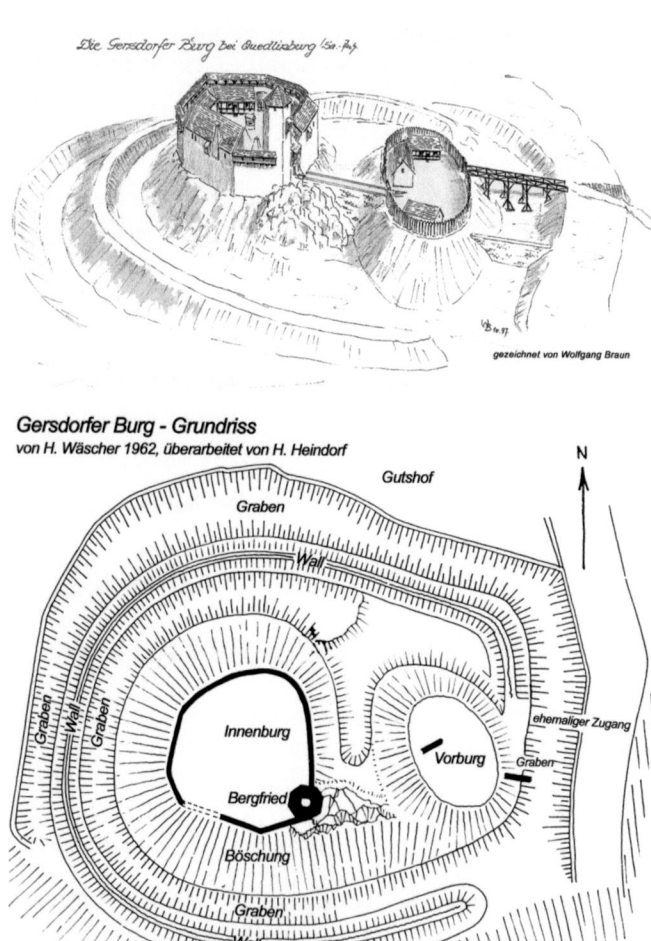

Die Gersdorfer Burg bei Quedlinburg

gezeichnet von Wolfgang Braun

Gersdorfer Burg - Grundriss
von H. Wäscher 1962, überarbeitet von H. Heindorf

N

Gutshof

Graben

Wall

Graben
Wall
Graben

Innenburg

Vorburg

ehemaliger Zugang

Graben

Bergfried

Böschung

Graben

Wall

0 5 10 20 30 40 m

Sumpf

Im Jahr 1155 wurde Buchardus de Gersthorp als Lehns-
herr des Quedlinburger Stifts genannt und 1179 wurde

eine Burg im Besitz dieses Damenstifts genannt, auf dem die Herren von Gerstorp saßen.

Im Jahr 1303 erneuerte Graf Gardun von Hadmersleben die Gersdorfer Burg, die 1312 „dat hus to gerstdorp" genannt wurde. 1332 führte Bischof Albrecht II. von Halberstadt eine Fehde mit den Regensteiner Grafen, in der er unterlag. Als Ergebnis musste er das Amt Gersdorfer Burg abtreten. Es folgten weitere kriegerische Auseinandersetzungen zwischen Bischof Albrecht und den Regensteinern, in deren Ergebnis 1349 der Bischof die Gersdorfer Burg zurückeroberte und zerstörte.

Der erhaltene achteckige Bergfried der Gersdorfer Burg.

Bereits 1349 wurde die Burg jedoch von Hinze von Dale wieder aufgebaut. Das Adelsgeschlecht der Grafen von Dale oder Dahl gehörte zur Linie der Grafen von Flandern, einem uralten fränkischen Geschlecht, aus dem unter anderem auch Karl der Große abstammte. Es folgten wechselnde Besitzverhältnisse und kaum schriftliche Überlieferungen. 1756 begann man die Burg, ausgenommen den Bergfried, abzureißen. Die Steine der Burg wurden zur Errichtung des neuen Wirtschaftshofes Gersdorfer Burg benötigt.

Die Burganlage liegt etwa 4 km ostsüdöstlich von Quedlinburg (Richtung Badeborn) auf einem 140 - 150 m üNN liegenden, vortretenden Geländezug am Fuß der Seweckenberge. Die Gersdorfer Burg war eine zweiteilige Burganlage mit Haupt- und Vorburg.

Die Gesamtanlage umfasst etwa 100 x 130 m. Der erhaltene achteckige Bergfried hat eine Höhe von 24 m, einen Durchmesser von 8,2 m und eine Mauerdicke von 3 m. Der Bergfried wurde nach der Wendezeit mit Mitteln des Denkmalschutzes restauriert und soll auch wieder begehbar werden.

Allerdings befindet sich das gesamte Gelände der Gersdorfer Burg in Form einer Betriebsgesellschaft GbR in Privatbesitz. Der örtlich ansässige Verwalter ist aber bezüglich einer Besichtigung sehr freundlich und entgegenkommend.

4. Die Sage von Albert von Reinstein oder der Raubgrafenkasten

Die alte Kaiserstadt Quedlinburg hat viele Sehenswürdigkeiten. Darunter ist eine ganz außergewöhnliche, ein großer, massiver, hölzerner Käfig, gebaut und gezimmert wie für die Ewigkeit. Der Holzkäfig ist mit einer kleinen, schmalen Tür versehen, durch die sich ein Mensch nur mit großer Not zwängen kann.

Im 14.Jahrhundert war Graf Albrecht von Reinstein (Regenstein) Schutzvogt von Quedlinburg. Die Stadt zählte damals zu den reichen und blühenden und gehörte dem mächtigen Deutschen Hansebund an.

Graf Albrecht stammte aus einem alten Grafengeschlecht und war es gewohnt, seinen Willen zu bekommen oder durchzusetzen und sein Machtwille war unbeugsam, was den stolzen Quedlinburger Bürgern missfiel. Sie wurden der Herrschaft dieses Tyrannen, ihres Schirmherren überdrüssig. Sie bezeichneten ihn als Raubgrafen, nicht weil er Räuber und Wegelagerer war, wie es damals viele gab, sondern weil er ihnen immer neue Steuern abpresste. Es dauerte nicht lange und es kam zu offenen Feindseligkeiten.

Da bezog auch der Bischof von Halberstadt Partei und schlug sich auf die Seite der Quedlinburger. Es kam zu zahlreichen Kämpfen, so in der Neustadt und bei der Gersdorfer Burg, die alle die Quedlinburger Truppen für sich entscheiden konnten. Aber Graf Albrecht konnte zuletzt entkommen und floh Richtung Wipertikloster.

Die Quedlinburger Truppen verfolgten ihn aber und als er dort am Hakelteich mit seinem Pferd ins Straucheln kam, war es um den Grafen geschehen. Er wurde gefangen genommen und im Triumph in die Stadt gebracht. Vorsorglich hatten die Quedlinburger einen mächtigen, hölzernen Käfig bauen lassen, damit der verhasste Graf, wenn man seiner denn habhaft werden würde, nicht entkommen konnte.

Nun sperrte man ihn in diesen Käfig und fesselte ihn zusätzlich an Händen und Füßen. Aber der Graf war zu stolz, um die Forderungen der Stadt anzunehmen. Höhnisch blickte er auf die Quedlinburger herab und nannte sie Krämervolk und Bürgerpack. Dann wurde er zum Tode durch das Schwert verurteilt. Da bekam er einen Sinneswandel, denn leben wollte er.

Graf Albrecht verpflichtete sich für immer, für sich und seine Nachkommen, auf sein Recht als Schirmvogt zu verzichten und außerdem auf seine Kosten die zerstörte Stadtmauer wieder zu errichten. Dafür wurde er begnadigt. Frei gelassen wurde er aber erst nach zwanzig Monaten, denn die Quedlinburger bestanden darauf, dass er außer der Reparatur der Stadtmauer auch sieben neue Wachtürme errichten lassen musste.

46

Den gewaltigen, hölzernen Käfig nannte man fortan den „Raubgrafenkasten" und der ist bis heute erhalten und kann von allen im Quedlinburger Schlossmuseum besichtigt werden. Es heißt, manchmal spukt der Graf noch in seinem ehemaligen Verlies, das wird aber wohl nicht zu den Museumsöffnungszeiten sein, eher um Mitternacht!

XIV. Die Seweckenberge

Der Höhenzug der Seweckenberge liegt südlich der Welterbestadt Quedlinburg und nördlich der Gersdorfer Burg. Die kleine Siedlung Gersdorfer Burg gehört als Ortsteil zur Stadt Quedlinburg.

Bis zu 180 Meter hoch sind die Seweckenberge, auf ihnen befindet sich eine aus dem Mittelalter stammende Warte – die heute restaurierte Seweckenwarte, die zum mittelalterlichen Quedlinburger Wartensystem gehörte.

Nur 100 Meter in westlicher Richtung entfernt findet man die Überreste der Seweckenburg. Urkundlich genannt wurde diese Burg nur einmal – im Jahr 1346: „in montem Zevekenberg novum castrum erexit.", was übersetzt heißt: „Er errichtete eine neue Burg auf dem Zevekenberg."

Seit 2003 wurden die Seweckenberge als Landschaftschutzgebiet ausgewiesen, dieses umfasst ein Areal von ca. 387 Hektar.

5. Die Sage vom Quedlinburger Einhorn

Östlich der Stadt Quedlinburg liegen die Seweckenberge, die aus Muschelkalk und Gips bestehen und dem Quedlinburger Sattel zu zuordnen sind.

Im Mittelalter waren diese Berge ergiebige Baustoffquellen, denn Kalkstein und Gips wurden reichlich benötigt. Beim Brechen von Gipsstein fanden 1663 Arbeiter einige große Knochen. Sie informierten ihren Grubenmeister, aber auch der wusste nichts damit anzufangen. Die Paläontologie als Wissenschaft war noch unbekannt, die Menschen glaubten noch an Fabelwesen.

Zu dieser Zeit hielt sich der Magdeburger Bürgermeister, Otto von Guericke, in Quedlinburg auf. Man benachrichtigte den anerkannten Gelehrten von dem mysteriösen Fund.

Natürlich musste Guericke diesen Fund begutachten und verfasste folgenden Bericht:

„Es trug sich auch in eben diesem Jahr 1663 in Quedlinburg zu, dass man in einem vom Volke Zeunickenberg genannten Berge, wo Gipssteine gebrochen werden, und zwar in einem von dessen Felsen das Gerippe eines Einhorns fand, mit dem hinteren Körperteil, wie dies bei Tieren zu sein pflegt, zurückgestreckt, bei nach oben erhobenem Kopfe auf der Stirn nach vorn ein langgestrecktes Horn, von der Dicke eines menschlichen Schienenbeins tragend, im entsprechenden Verhältnis hierzu etwa 5 Ellen in der Länge. Das Skelett dieses Tieres wurde aus Unwissenheit beschädigt und stückweise herausgeholt, bis das Haupt mit einem Horn und einigen Rippen, der

Wirbelsäule und den Beinen der dort lebenden hochwür-
digen Fürstäbtissin übergeben wurden."

Der bedeutende Gelehrte und Naturwissenschaftler Gottfried Wilhelm Leibniz schloss sich der Fundbeurteilung von Guericke an. Ob er den Fund in Augenschien genommen hat, weiß man nicht.

In seinem 1759 posthum erschienen „Protogaea oder Abhandlung von der ersten Gestalt der Erde und den Spuren der Historie in Denkmälern der Natur" verbreitet er seine zuvor gewonnen Ansichten über das Quedlinburger Einhorn und fügt sogar einen Kupferstich von der Rekonstruktion des „Einhornskeletts" bei.

Wurde zunächst nur ein „Horn" gefunden, wurde 1701 das Zweite ausgegraben. Langsam wurde klar – das Einhorn bleibt ein Fabelwesen. Was in Quedlinburg gefunden wurde, waren die Stoßzähne eines Narwals. Und der Schädel gehörte wohl zu einem Wollhaarnashorn.

Aber Guericke und Leibniz schrieben Geschichte und erbrachten mit ihren Rekonstruktionen paläontologische Pionierleistungen.

XV. Die Seweckenwarte

Die Seweckenwarte ist eine der 11 mittelalterlichen Feldwarten im Wartensystem der Stadt Quedlinburg. Die Errichtung dieser Warte wird nach 1336 vermutet, als die Stadt Quedlinburg die Auseinandersetzung mit den Regensteiner Grafen gewann.

Hauptaufgabe der Seweckenwarte war die Überwachung der östlichen Feldflur sowie der Gersdorfer Burg, wo die Regensteiner Grafen ansässig waren. Vorrang hatte dabei der Schutz der nahegelegenen Kalksteinbrüche.

Die aus kleinformatigem Kalkstein errichtete Warte hat eine Höhe von 8,50 m und einen fast quadratischen Grundriss mit der Kantenlänge von ca. 4 Metern. Von der niedrigen Höhe wird darauf geschlossen, dass die Warte einen Fachwerkaufbau besaß. Der erste Einstieg ist durch zahlreiche Umbauarbeiten an der Warte nicht mehr erkennbar.

Es bestanden eine direkte Sichtverbindung zur Türmerstube auf dem Südturm der Marktkirche in Quedlinburg und eine zur Westdorfer Warte, der zeitweise verbündeten Stadt Aschersleben.

Die Seweckenwarte auf den Seweckenbergen.

Mitte des 15. Jahrhunderts wurde die Warte bequemer, das heißt, es wurde ein Kachelofen eingebaut, um die Besatzung des Turmes vor dem Frost zu schützen und warme Mahlzeiten bereiten zu können.

Im 20. Jahrhundert und insbesondere in der DDR-Zeit, waren die außerstädtischen Warten, Bicklingswarte, Seweckenwarte, Aholzwarte, Heidbergwarte, Lethturm und Ilenstedter Warte dem Verfall preisgegeben.

Nach der Wende erfolgte zwischen 1992 und 1993 eine Sanierung der stark verwitterten Warte und der Einbau einer stählernen Wendeltreppe zur Aussichtsplattform auf dem Turm.

Seit 2005 pflegt der Wartenverein Quedlinburg e.V. den Seweckenturm.

Koordinaten: 51,770465° N, 011,207773° E, 212 m ü NN

XVI. Die Bicklingswarte und das Dorf Bicklingen

Die Bicklingswarte gehört, wie schon die vorige Seweckenwarte, zu den mittelalterlichen Feldwarten der Stadt Quedlinburg. Die genaue Jahreszahl ihrer Errichtung ist nicht bekannt, aber sie dürfte wie die anderen Warte um 1300 erbaut sein, um die Quedlinburger Feldflur zu überwachen.

Ihren Namen bekam sie vom naheliegenden Dorf Bicklingen, das westlich der Warte zwischen den Jahren 961 (erstmals erwähnt) und 1490 (ab da wüst) lag.

Die Warte wurde als Rundturm aus Sandstein- und Kalksteinquadern errichtet. Die jetzige Höhe beträgt ca. 12 m.

Es wird vermutet, dass sie früher zwischen 16 bis 18 Meter hoch war. Sie hat einen Durchmesser von 4,80 bis 5,00 Meter.

Die Bicklingswarte südlich von Quedlinburg aus der Luft. Urheber: Wolkenkratzer, 2015, Wikipedia02.

Der Einstieg lag in 7 Meter Höhe und ist zur Stadt Quedlinburg mit Sichtverbindung zur Türmerstube auf dem Südturm der Marktkirche sowie zum Dorf Bicklingen gerichtet.

Seit 1462 war diese Warte wie auch die Seweckenwarte mit einem Kachelofen ausgestattet. Im 19. Jahrhundert musste die Warte mehrmals repariert werden, da es zu wiederholtem Steinraub kam.

Nach der Wende in den Jahren 1992/93 erfolgte eine Sanierung der stark verwitterten Warte. Dabei wurde der

Turm zum Aussichtspunkt ausgebaut und mit einer stählernen Wendeltreppe und einem ebenerdiger Eingang versehen.

Seit 2005 wird die Bicklingswarte vom Wartenverein Quedlinburg e.V. betreut.

Koordinaten: 51,759955° N, 011,173750° E, 157 m NN

XVII. Der Lethturm

Südlich der Stadt Quedlinburg, nahe Quarmbeck, direkt westlich der Landstraße nach Rieder steht der denkmalgeschützte Lethturm. Er ist eine Feldwarte und der südliche Vorposten des mittelalterlichen Wartensystems von Quedlinburg. Dieses System mit Wachttürmen und Wall-Graben-Anlagen war weitläufig um die Stadt und das Stift Quedlinburg angelegt worden.

Der aus Sandsteinquadern errichtete Rundturm hat einen Durchmesser von ca. 5 Metern und die Höhe von ca. 16 bis 18 Metern, damit ist er der höchste der Warten um Quedlinburg. Seine Wände sind zwischen 1,20 m und 1,50 m dick. Der Eingang des Turmes befand sich in einer Höhe von ca. 8 Metern und war nach Quedlinburg gerichtet. Heute besitzt der Lethturm einen ebenerdigen Eingang. Die gemauerte und gegossene Kuppel des Turms in ca. 14 Metern Höhe hatte einen kleinen seitlichen Durchstieg.

Die direkte Sichtverbindung zur Türmerstube auf dem Südturm der Marktkirche von Quedlinburg war gegeben.

Seine Errichtung fällt wird auf die Zeit um 1300 und laut Geschichte wurde er bis ins 16. Jahrhundert genutzt.

Der Lethturm neben der Straße
von Quedlinburg nach Rieder.

Während des Zweiten Weltkrieges installierte man auf seiner Krone einen Beobachtungs- und Signalposten des nahen Fliegerhorstes Quarmbeck (Tarnname: „Römergraben"), damit wurde er wieder seiner ursprünglichen Funktion zugeführt.

Seit 2005 erhält der Wartenverein Quedlinburg e.V. den Lethturm. Ab 2010 förderte das Land Sachsen-Anhalt umfangreiche Sanierungsarbeiten am Turm.

Es wurde eine Teppenanlage bis zum Durchstieg durch die Kuppel eingebaut. Weitere Maßnahmen waren die

Überdeckung der Kuppel, ein neues Flachdach, die Sanierung der Außenschale, 2020 der Mauerkrone und des Mauerkerns.

Koordinaten: 51,743081° N, 011,151206° E, 186 m ü NN

XVIII. Die Drei Bogen-Brücke

Die steinerne Drei Bogen-Brücke wurde als Eisenbahnbrücke zwischen Bad Suderode und Quarmbeck errichtet, um den seit 1920 bestehenden Fliegerhorst von Bad Suderode zu versorgen. Bis in die 1940er Jahre war an diesem Fliegerhorst auch eine Flugschule ansässig.

Die Drei Bogen-Brücke über den Quarmbach.

Nach dem Zweiten Weltkrieg zog die kasernierte Volkspolizei in die Gebäude. Ab 1953 übernahm die Sowjetarmee dieses Gelände und der An- und Abtransport von

Material wurde mittels Bahn über die Drei Bogen Brücke geliefert, welche nach der Wende 1990 das Objekt räumte.

Unter der Brücke fließt der Quarmbach. Heute fährt keine Bahn mehr über diese Brücke. Sie ist nur noch eine Querung für Radler und Wanderer. Von hier aus kann man die Region in verschiedene Richtungen erkunden.

XIX. Naturdenkmal Schäfereiche am Münchenberg

Schäfereiche am Münchenberg im März.

Die etwa 600 Jahre alte Schäfereiche steht am Rande des Naturschutzgebietes „Münchenberg" bei Bad Suderode.

Der Name des Baumes erinnert daran, dass dieses Gelände einst Schafweide war und den Namen „Lämmerdrift" führte.

Hohlraum im Stamm der Schäfereiche.

Das Gelände um die Schäfereiche ist mittels eines Holzzaunes abgeteilt, Besucher werden gebeten, nicht näher an die Schäfereiche zu treten, um den alten Baum vor Beschädigungen zu schützen. Seine Krone erstreckt sich bis zu drei Meter in die Höhe, sein Stamm ist hohl und ausgebrannt, trotzdem lebt er und entfaltet im Frühling bis zum Herbst ein reiches Blätterkleid. Wie der Baum zu seiner Beschädigung kam, erzählt die nächste Sage.

Um zur Schäfereiche zu gelangen, nimmt man von Bad Suderode aus die nach Quarmbeck führende Nordhäuser Heerstraße. Von ihr zweigt der ausgeschilderter Naturlehrpfad zur Schäfereiche (Koordinaten der Schäfereiche: N51 44 17.1 E11 06 23.2) ab.

Das Naturschutzgebiet Münchenberg liegt auf einem bewaldeten Hügel zwischen den Ortschaften Bad Suderode, Stecklenberg und Neinstedt.

Auf dem 247 Meter hohen Münchenberg befindet sich der Aussichtspunkt „Lämmerdrift" mit einem tollen Blick zur Teufelsmauer, zur Mühle bei Warnstedt und zum Harzer Vorland. Hinter der Schäfereiche – etwa 30 Meter – steigt der Weg rechts hinauf zur „Lämmerdrift".

6. Die Sage von der Schäfereiche

Die Lämmerdrift am Münchenberg war ein vorzüglicher Weideplatz. Vor langer Zeit weidete ein Schäfer jeden Tag dort die ihm anvertraute Herde. Es war eine schwere Arbeit. Schon früh am Morgen begann der Schäfer, die Herde einzusammeln und erst am Abend war er wieder zu Hause. Der Weg war soweit, weil die moorige Aue ihm den direkten Weg versperrte.

Eines Tages saß er unter einer alten Eiche, als sich ein kleines Männlein näherte. Der Fremde setzte sich neben den Schäfer und man kam ins Gespräch. Der Schäfer schilderte seinen Verdruss, jeden Tag den weiten Weg zurückzulegen und die Schafe fast hungrig wieder abliefern zu müssen.

Das Männlein hörte zu und sagte: „Da kann ich Dir sicherlich helfen. Ich baue einen Damm durch das Moor." Der Schäfer war zuerst begeistert von diesem Angebot. „Aber einen solchen Damm bekommt in seinem Leben kein Mann gebaut", sagte er dann.

„Ein Mann nicht, ich aber schon", erwiderte das Männlein und warf seinen Umhang ab. Blitz und Donner grollten und der Teufel stand vor dem Schäfer. Der war sehr erschrocken, dann sagte er jedoch: „Was willst du für den Dammbau haben, Teufel?"

„Natürlich deine Seele", antwortete der Teufel. „Gut", sagte der Schäfer, „meine Seele bekommst du erst, wenn von dieser Eiche auch das letzte Blatt abgefallen ist." Der Teufel schlug ein, denn er meinte, dass im Herbst seine Zeit kommen würde.

Sofort machte er sich ans Werk und bereits am nächsten Morgen war der Damm fertig. Nun wartete der Teufel auf den Spätherbst. Der kam, jedoch die Eiche schien sich zu widersetzen. Ihre Blätter verloren zwar die grüne Farbe, aber sie fielen nicht herab.

Es kam der Frühling und die Eiche trieb wieder neue Blätter und erst danach fielen die alten ab. Da gab der Teufel auf und wütend schleuderte er einen gewaltigen Blitz gegen den Schäfer, der unter seiner geliebten Eiche stand.

Der Schäfer konnte dem Blitz ausweichen und dieser schlug krachend in die Eiche ein. Dann begann es zu regnen und das Feuer erlosch.

Die Eiche hatte zwar gelitten, jedoch überlebte sie den Angriff des Teufels und trägt noch heute im Sommer ihre grünen Blätter. Wegen dieser Ereignisse trug die Eiche fortan den Namen „Schäfereiche".

ALTE ELEMENTARSCHULE
Gernrode / Harz

1533 - erste Erwähnung der vermutlich ältesten
protestantischen Elementarschule Deutschlands

Gernroder Kulturverein
"Andreas Popperodt" e.V.

Öffnungszeiten: Mo. - Fr.
10.00 Uhr - 12.00 Uhr
14.00 Uhr - 16.30 Uhr
Sa. 14.00 Uhr - 17.00 Uhr

Auf Fundamenten aus dem 15./16. Jahrhundert erhebt sich heute ein Gebäudeensemble aus dem 18. Jahrhundert. Lange Zeit unbeachtet, drohte es zu verfallen. Der Kulturverein "Andreas Popperodt" e.V. erwarb es und restaurierte es mit viel Aufwand. Heute erstrahlt das historische Denkmal wieder in alter Schönheit. Im Inneren konnte viel Originales erhalten werden.

Erleben Sie bei uns unter anderem:
- Führungen durch das Haus, Kunstausstellungen
- eine Unterrichtsstunde im historischen Klassenzimmer
- Ausstellungen zur Stadt- und Schulgeschichte
- die ständige Ausstellung "Mineralien des Harzes"
- Märchenstunden am Kachelofen mit Bratäpfeln
- kulturelle Veranstaltungen, wie Lesungen, Vorträge.

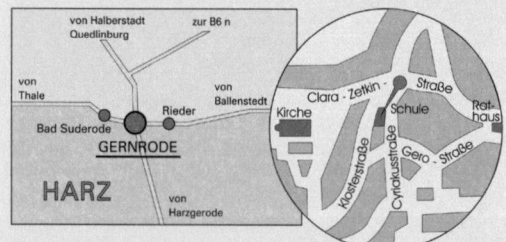

Gernroder Kulturverein "Andreas Popperodt" e.V.
St. Cyriakusstraße 2
06485 Quedlinburg OT Gernrode
Tel.: 039485 265
kontakt@elementarschule-gernrode.de
www.elementarschule-gernrode.de
Spendenkonto DE67 8006 3508 2401 450801

7. Die Sage vom Reißaus

Auf der letzten Bergkuppe an der alten Harzstraße, welche vom Ramberg herab in das Harzvorland nach Quedlinburg führte, stand eine alte verräucherte Schenke. Fliegen und Qualm, Fuhrleute und Landsknechte füllten die Gaststube. Und mitten zwischen Gesindel und Schmutz saß ein Junker.

Nicht mehr Kind und noch nicht Mann. Er war Klosterschüler im Kloster zu Hagenrode. Ihm war eine schwere Erkrankung seiner Mutter zugetragen worden. Und er hatte sich auf die Reise gemacht, seine kranke Mutter zu besuchen. Ein Mönch hatte ihn begleitet, aber der war krank geworden und so musste der unerfahrene Klosterschüler allein seiner Wege ziehen. Als er den Wald hinter sich gelassen hatte, begann sein Pferd zu lahmen. Was blieb ihm übrig, als an der Schenke zu rasten?

Drinnen, in der Schenke, saß auch ein langbärtiger Jude mit fremdländischem Dialekt. Er kam mit dem Junker ins Gespräch und schon bald erkannte er, dass der Vater des jungen Reisenden ein geachteter Edelmann war, der ihm schon aus großer Not geholfen hatte.

Der Jude hatte schon mitbekommen, dass das Raubgesindel in der Schenke den jungen Edelmann ausrauben wollte. Und er wollte seine Schuld tilgen, dem Junker helfen und ihn begleiten. Aber der Junker stand auf und setzte sich an einen anderen Tisch, er wollte keine Hilfe von dem Juden. Der aber ließ nicht nach und bot dem Junker an, wenigstens ein frisches Ross anzunehmen und gleich weiter zu reiten. Der junge Mann aber sagte: „Warum? Wenn ich mit Dir Geschäfte machen will, werde ich Dich schon rufen, Jude. Jetzt trolle Dich!".

Da des Junkers Ross aber noch lahmte, konnte er an diesem Tage nicht mehr weiter. Er trank seinen Wein aus und rief den Wirt, um ein Nachtlager zu bekommen. Dann aber schaute er nochmal zu seinem Gaul und da war er wieder, der Jude, und bot ihm erneut ein Pferd an. Unwirsch fuhr ihn der Junker an, ein für alle Mal, er könne keine Juden leiden und er solle ihn endlich in Ruhe lassen. Da ging der Jude.

Der Junker betrat wieder die Gaststube und bemerkte, wie er abschätzend und feindselig von allerlei Volk angegafft wurde. Er wünschte sich das freundliche Gesicht des Juden zurück, aber der war und blieb verschwunden. Da kam die Magd, stellte einen Krug Wein vor den Junker auf den Tisch und flüsterte: „Stellt Euch müde und stoßt den Wein um!" Der Jüngling schaute in das ehrliche und freundliche Gesicht der Magd und tat was ihm geheißen.

Da geleitete ihn der Wirt zu seinem Nachtlager. Und er sagte: „Es ist des Juden Bett, doch der ist fort. Er ist weg samt seiner Pferde. Legt Euch nur hinein." Kaum war der Wirt hinaus, stand plötzlich die Magd vor ihm. „Schnell reißt aus, die Räubergesellen drunten haben es auf Eure Habe und Euer Leben abgesehen", tuschelte sie, „hier zum Fenster hinaus". Und sie drängte den jungen Edelmann durchs Fenster, um vor dem Raubgesindel auszureißen.

Aber wie sollte er fliehen, ohne Gaul? Da sah er, unten am Hange, den Juden. Und der hatte des Junkers Sattel und Zaumzeug auf einen seiner flinken Schimmel gelegt. Ohne ein Wort stieg der Junker aufs Pferd, ihm gleich, der Jude und die Pferde sausten dahin wie die fliegenden Schwalben.

Die Räuber fanden das Vögelchen ausgeflogen, als sie ihn berauben und den Hals umdrehen wollten.

Sie hatten den Plan gehabt, den Jüngling zu ermorden und zu berauben, doch der Jude hatte alles mitgehört. Er versprach der Magd ein reiches Geschenk, wenn sie den Junker vor den Räubern warnt und zur Flucht animiert. Und so begleitete der Jude den Junker bis in seine Heimat, nach Ostrau.

Seine Mutter war wieder genesen und der hilfsbereite Jude wurde herzlich aufgenommen und großzügig belohnt.

Später kam der junge Edelmann wieder an der Suderöder Waldschenke vorbei, aber der Wirt war nicht mehr da. Und als er den neuen Wirt nach der Magd fragte, da rief der sein Weib und siehe da – es war die Retterin des Junkers. Die Schenke gibt es schon lange nicht mehr.

Und auch das darauf folgende Ausflugslokal mit dem Namen Lindengarten, bei Bad Suderode, existiert nicht mehr. Der Höhenzug mit der prachtvollen Aussicht wird aber noch heute „Reißaus" genannt.

Bildnachweis

Wir haben uns bemüht, bei allen hier verwendeten Fotos, Zeichnungen und Grafiken die Rechteinhaber ausfindig zu machen, sofern diese nicht bei uns liegen. Falls es dessen ungeachtet Rechteinhaber geben sollte, die wir nicht recherchieren konnten, so bitten wir um Nachsicht und um eine Nachricht an den Verlag oder Autor. Berechtigte Ansprüche werden dann im Rahmen der üblichen Vereinbarungen abgegolten.

Alle farbigen Sagenzeichnungen: Lisa Berg

Burgen-Rekonstruktionszeichnungen: Wolfgang Braun

Fotos und weitere Abbildungen: Sternal Media, Archiv

Weitere Bücher aus dem Verlag Sternal Media

Historischer Bergbau im Thalenser Revier

Ein etwas anderer Wanderführer:
Thale, Cattenstedt, Wienrode, Timmenrode, Warnstedt, Weddersleben,
Neinstedt, Stecklenberg, Bad Suderode, Allrode und Friedrichsbrunn

Bernd Sternal, Günter Wilke

Sucht man einen Reiseführer für den
Harz, so stößt man auf ein breites Angebot für die unterschiedlichsten Interessengebiete. Jedoch ist der Harz,
vom Territorium her betrachtet, recht
weitläufig. Das führt dazu, dass viele dieser Führer sich mit ihren
Informationen auf das Notwenigste beschränken müssen. Nun
gibt es die verschiedensten Interessengebiete: Zwei davon sind
die Geologie und der Bergbau. Beide sind im Harz in einer sel-
tenen Vielfalt und Ausprägung aufzufinden. Für die Region
Thale hat sich der Heimatforscher Günter Wilke dieser Themen
angenommen und in langjähriger, beschwerlicher Entdecker-
und Forschertätigkeit 162 bergbauliche Relikte in dieser Region
erkundet und zusammengetragen. Gemeinsam mit dem Autor
Bernd Sternal wurde daraus ein kleiner, spezieller Führer durch
die bergbauliche Vergangenheit der Region Thale. Mit größt-
möglicher Sorgfalt wurden alle aufgefundenen Objekte in eine
Karte eingezeichnet, so dass sie hoffentlich von Interessenten
aufgefunden werden können. Leider gab es bei Beginn dieses
Projektes noch kein GPS, was natürlich die genaue Positions-
bestimmung erheblich verbessert hätte. Dennoch hoffen die Autoren, bergbaulich Interessierten eine hilfreiche Entdecker-Lek-
türe in die Hand geben zu können.

Das kleine Buch ist mit 16 schwarz-weiß Fotos sowie einer farbigen Karte illustriert.

Taschenbuch ISBN: 978-3-7347-9497-1

Sagen, Mythen und Legenden aus dem Harz
Autor: Bernd Sternal

Mythen, Sagen und Legenden prägen den Harz wie kaum etwas anderes, wir begegnen ihnen auf Schritt und Tritt. Wir haben sie gesammelt, ihnen ein modernes Kleid geschneidert und sie farbig illustriert um sie zu erhalten und weiter zu überliefern. Denn leider sind Erzählstunden nicht mehr all zu modern.

Band 1: Gebundene Ausgabe: ISBN 978-3-8391-2850-3
Taschenbuch: ISBN: 978-3-8391-2712-4
Band 2: Gebundene Ausgabe: ISBN: 978-3-8370-5893-2
Taschenbuch: ISBN: 978-3-8391-5059-7
Band 3: Gebundene Ausgabe: ISBN: 978-3- 8423-3486-1
Taschenbuch: ISBN: 978-3- 8423-3958-3
Band 4: Gebundene Ausgabe: 978-3-8482-2754-9
Taschenbuch: ISBN: 978-3 -8482-3082-2

Burgenbau und Burgenleben in Nord- und Mitteldeutschland - Faszination und Mystik
Autor: Bernd Sternal

Das Mittelalter fasziniert die Menschen unserer modernen Gesellschaft. Diese Geschichtsepoche zwischen der Antike und unserer Neuzeit bietet viel Stoff für Mystik und Fantasie. Jedoch was ist es eigentlich, was uns das Mittelalter so interessant erscheinen lässt? Sind es die mächtigen Burganlagen, die Ritter mit Schwert und Rüstung auf ihren geharnischten Pferden oder ist es das einfache, ursprüngliche Leben. Vielleicht ist es auch der Umstand, dass wir über diese Epoche, die als dunkles Zeitalter bezeichnet wird, recht wenig wissen. Der Autor, der bereits 5 Burgenbücher verfasst hat, möchte daher mit diesem Buch versuchen, ein wenig Licht in das Dunkel um Burgenbau und Burgenleben im Mittelalter bringen.
Taschenbuch: ISBN: 978-3-7392-4631-4

Die Harz-Geschichte
Autor: Bernd Sternal

Der Harz als nördlichstes deutsches Mittelgebirge war zu allen Zeiten eine Kulturscheide. Daraus entwickelt hat sich eine einzigartige Kulturlandschaft, eine Symbiose aus verschiedensten Landschaftsformen und Vegetationsstufen, einhergehend mit den unterschiedlichsten menschlichen Siedlungsstrukturen. Dieses Mittelgebirge, mit seinen Vorlanden, in all den Facetten seiner Entwicklung vorzustellen, ist Anliegen dieser Bücher.

Band 1: Von seiner geologischen Entstehung bis zur Zeit der Völkerwanderungen
Gebundene Ausgabe: ISBN: 978-3-8423-4263-7
Taschenbuch: ISBN: 978-3-8482-0263-8
Band 2: Das Früh- und Hochmittelalter:
Gebundene Ausgabe: ISBN: 978-3-8482-1339-9
Taschenbuch: ISBN: 978-3- 8482-0746-6
Band 3: Das Spätmittelalter:
Gebundene Ausgabe: ISBN: 978-3-7322-6348-6;
Taschenbuch: ISBN: 978-3-7322-6215-1
Band 4: Reformation, Bauernkrieg und Schmalkaldischer Krieg:
Gebundene Ausgabe: ISBN: 978-3-7357-5965-8
Taschenbuch: ISBN: 978-3-7357-5968-9
Band 5: Die Zeit des Dreißigjährigen Krieges:
Gebundene Ausgabe: ISBN: 978-3-7386-4027-4
Taschenbuch: ISBN: 978-3- 7386-3989-6
Band 6: Vom Westfälischen Frieden 1648 bis zum Ende der Napoleonischen Kriege 1815
Gebundene Ausgabe: ISBN: 978-3-7448-7017-7
Taschenbuch: ISBN: 978-3-7448-9724-2

Der Harzwald Ein Ökosystem stellt sich vor

Wald: Ein Lösungsbaustein für die Abschwächung des Klimawandels

Bernd Sternal

Der Wald ist wohl das Ökosystem auf unserem Planeten, das Klima, Wetter und Natur am stärksten beeinflusst. Daher sollten wir den Wald schätzen, achten und vor allem erhalten. Wir kommen in unserem Leben nicht ohne Holz aus, und das wird uns von den Waldbäumen geliefert. Dennoch sollten wir mit dem Holz und somit auch den Bäumen und dem Wald pfleglicher und nachhaltiger als bisher umgehen. Denn Wald ist nur im Gesamtkontext zu sehen: Wird ein Waldstück gerodet, so sterben nicht nur die Bäume: Auch das Leben vieler Pflanzen, Tiere und Pilze wird vernichtet. Viele der ökologischen Zusammenhänge im Wald sind uns nur ansatzweise bekannt. Wir können jedoch davon ausgehen, dass jedes einzelne Lebewesen in der Natur seine Daseinsberechtigung hat und zudem seinen ganz speziellen Zweck erfüllt, auch wenn wir diesen noch nicht erkannt haben sollten. Meine Ausführungen in diesem Buch sollen dazu beitragen, den Wald als Ökosystem etwas besser zu verstehen und ihn mehr zu schätzen, als wir es derzeit tun.

Im Buch finden Sie 32 farbige und 6 schwarz-weiße Zeichnungen, 39 farbige und 10 schwarz-weiße Fotos, 3 Karten sowie 33 weitere Abbildungen zu den einzelnen Themen.

Taschenbuch: Seiten:164,
Preis: 21,00 €
ISBN: 978-3-7519-3613-2

Burgen und Schlösser der Harzregion
Autoren: Bernd Sternal, Wolfgang Braun

Das Autorenteam um Bernd Sternal versucht Ihnen mit diesen Büchern die von Mystik umwehten Relikte einer längst vergangenen Zeit näher zu bringen. In einzigartiger Weise haben wir geschichtliche Fakten mit detaillierten Grundriss- und Rekonstruktionszeichnungen sowie historischen Stichen verknüpft.

Band 1: Geb. Ausgabe: ISBN: 978-3-8391-8878-1
Taschenbuch: ISBN: 978-3-8423-3947-7
Band 2: Geb. Ausgabe: ISBN: 978-3-8423-5024-3
Taschenbuch: ISBN: 978-3-8423-7730-1
Band 3: Geb. Ausgabe: ISBN: 978-3-8482-0809-8
Taschenbuch: ISBN: 978-3-8482-1841-7
Band 4: Geb. Ausgabe: ISBN: 978-3-7322-9149-6
Taschenbuch: ISBN: 978-3-7322-9181-6
Band 5: Geb. Ausg.: ISBN: 978-3-7347-3773-2
Taschenbuch: ISBN: 978-3-7347-3119-8